AF311920

GRAVURES & TABLEAUX

OBJETS D'ART ET D'AMEUBLEMENT

PARIS, LE 25 AVRIL 1914

CATALOGUE

DES

Gravures et Lithographies Anciennes

TABLEAUX ANCIENS ET MODERNES

ESTAMPES MODERNES

Objets d'Art et d'Ameublement

BRONZE et MÉTAL, SCULPTURES, OBJETS VARIÉS

BAHUT RENAISSANCE EN CHÊNE SCULPTÉ

Dont la Vente aux Enchères publiques aura lieu

HOTEL DROUOT, SALLE N° 10

LE SAMEDI 25 AVRIL 1914

A DEUX HEURES

COMMISSAIRE-PRISEUR	EXPERT
Mᵉ HENRI BAUDOIN	**M. GEORGES GUILLAUME**
10, rue de la Grange-Batelière	13, rue d'Aumale

EXPOSITION PUBLIQUE

Le Vendredi 24 Avril 1914, de deux heures à six heures

CONDITIONS DE LA VENTE

Elle sera faite au comptant.

Les adjudicataires paieront *dix pour cent* en sus des enchères.

Paris. — Imp. de l'Art, Ch. BERGER, 41, rue de la Victoire.

DÉSIGNATION

TABLEAUX
AQUARELLES, PASTELS, DESSINS

ADAM (V.)

1 — *Génisse.*

Aquarelle. Datée : *octobre 1881.*

A. P. M. (1809)

2 — *Buste de Jeune Homme.*

Dessin à la sanguine.

BASSAN Le vieux (D'après)

3 — *Le Retour de l'Enfant prodigue.*

Toile dans un cadre en bois sculpté à feuillage.

BERNE-BELLECOUR

4 — *Buste de Femme.*

Dessin à la mine de plomb. Signé à gauche en bas et daté : *1883.*

BORDAS

5 — *La Baie d'Audierne.*

Toile.

BORIONE

6 — *Scène d'intérieur.*

Aquarelle.

BORIONE

7 — *L'Amateur de tableaux.*

Aquarelle.

BRIAND

8 — *Portrait de Bizet.*

Il est représenté assis devant une page de composition.

Toile. Signée à droite en bas et datée : *1842.*

CH. V.

9 — *Projets de décoration.*

Deux aquarelles se faisant pendants.

COGNIET (Léon)

10 — *Tête d'Homme.*

Dessin au crayon noir rehaussé de blanc sur papier bleuté.

CUYP (Attribué à)

11 — *La Rentrée du troupeau.*

> Toile.

FALGUIÈRE

12 — *Tête d'Enfant.*

> Esquisse sur toile. Signée : *A. F.*

GALAND (G. DE)

13 — *Mendiants.*

> Petit dessin au lavis de sépia.

GUÉRIN (Attribué à A.)

14 — *Sujet mythologique.*

> Dessin à la mine de plomb rehaussé de lavis.

DIEN (ACHILLE)

15 — *Paysage.*

> Dessin au crayon noir.

GUÉRIN (Attribué à)

16 — *Réunion de personnages dans un édifice.*

> Toile.

GUYDO

17 — *Réveil.*

> Dessin aux trois crayons.

2

GUYDO

18 — *Le Bain.*

> Pastel ovale.

JACQUE (Attribué à Charles)

19 — *Chevaux.*

> Dessin à la mine de plomb rehaussé de bistre et de blanc.

LANTARA (Attribué à)

20 — *Paysage.*

> Dessin à la sanguine rehaussé de lavis.

MATHON (E.)

21 — *Barque échouée.*

> Dessin à la plume. Daté : 79.

PALLANDRE

22 — *Nature morte.*

> Toile de forme mouvementée.

PATER (Attribué à)

23 — *Portrait du peintre.*

> Coiffé d'un toquet noir et la main droite appuyée à la hanche, il est assis dans un fauteuil ; la main gauche tient un crayon, ainsi qu'un carton de dessins.
> Toile.

PHILIPPER (Jeanne)

24 — *Japonaise tenant un banjo.*
Pastel.

QUINET

25 — *Chasseur sur une route.*
Toile.

QUINET

26 — *Ville au bord d'un cours d'eau.*
Toile.

QUINET

27 — *Bord d'un lac.*
Toile.

QUINET

28 — *Femme et enfant sous bois.*
Toile.

QUINET

29 — *Bords de rivière.*
Toile.

QUINET

30 — *L'Étang.*
Toile.

RAPHAEL-SCHWARTZ

31 — *L'Incantation à la Vierge.*
>   Toile.

RENARD

32 — *Intérieur d'église.*
>   Aquarelle.

TRAVIÈS

33 — *L'Essai du pantalon.*
>   Dessin au crayon noir rehaussé de sépia et de blanc.

VARRIAS

34 — *Sujets religieux.*
>   Trois esquisses au crayon noir. (Projets pour un triptyque.)

ÉCOLE FRANÇAISE (xviie siècle)

35 — *Portrait de Femme en toilette décolletée.*
>   Toile ovale.

ÉCOLE FRANÇAISE (xviiie siècle).

36 — *Coqueterie. — Volupté.*
>   Deux pastels se faisant pendants.

ÉCOLE FRANÇAISE

37 — *Ruines.*
>   Dessin au crayon noir rehaussé de blanc.

ÉCOLE FRANÇAISE

38 — *Assassinat du Duc de Berry.*

Dessin à la mine de plomb rehaussé de lavis.

ÉCOLE FRANÇAISE DE 1830

39 — *Bord de rivière.*

Petit panneau.

ÉCOLE DE 1830

40 — *La Vie de Bohème.*

Petite aquarelle.

ÉCOLE DE 1830

41 — *La Tresseuse de couronne.*

Pastel ovale.

ÉCOLE ESPAGNOLE

42 — *Don Quichotte chez les moines.*

Toile. Haut., 39 cent.; larg., 52 cent.

ÉCOLE ITALIENNE

43 — *La Balançoire.*

Petite gouache.

ÉCOLE ITALIENNE

44 — *Tête de Vieillard.*

Dessin au fusain rehaussé de blanc.

ÉCOLE ITALIENNE

45 — *Le Christ et saint Jean.*
    Cuivre.

ÉCOLE MODERNE

46 — *Saint Georges terrassant le dragon.*
    Dessin rehaussé de sanguine.

ÉCOLE MODERNE

47 — *Lande au soleil couchant.*
    Toile.

GRAVURES ET LITHOGRAPHIES

ARNOUT

48 — *Eglise Saint-Merry. — Eglise Saint-Roch. — Dôme de la Sorbonne.*
    Suite de trois lithographies en couleurs.

BARTHOLOZZI

49 — *Jeux d'Enfants.*
    Trois gravures en bistre, par WEATLEY.

BÉNAZECH (D'après)

50 — *Le Prix de l'Agriculture.*
    Gravure en couleurs.

BOILLY (D'après)

51 — *Après les étrennes. — Le Chien solliciteur. —
La Mauvaise nouvelle. — Le Départ.*

Trois lithographies en noir, dans un cadre.

BOILLY (D'après)

52 — *Poussez ferme.*

Gravure en noir, par PETIT.

BOILLY (D'après)

53 — *L'Attention. — La Jarretière.*

Deux gravures en noir se faisant pendants.

BOILLY (D'après)

54 — *Scène des Boulevards.*

Lithographie en couleurs, par VILLAIN.

BOUCHER (D'après)

55 — *Le Magnifique.*

Gravure en noir, par DE LARMESSIN.

BOUCHER (D'après)

56 — *Elle mord à la grappe.*

Gravure en noir, par PASQUIER.

CHARDIN (D'après)

57 — *L'Enfant gâté.*

Gravure en noir, par CHARPENTIER.

DEBUCOURT

58 — *Intérieur de cuisine.*

Gravure en noir avant la lettre.

DEMARTEAU

59 — *Buste de Femme.*

Belle épreuve aux trois crayons, d'après Vincent, dans un cadre ancien en bois sculpté, à torsades, redoré.

DEMARTEAU

60 — *Figure.*

Gravure à la sanguine.

FRAGONARD (D'après)

61 — *Le Verrou.*

Gravure en noir, par Blot.

HAMILTON (D'après)

62 — *Les Délices du printemps. — Les Avantages de l'automne.*

Deux lithographies en couleurs se faisant pendants, par Duthé.

HAMILTON (D'après)

63 — *The Happy Main.*

Gravure rehaussée, par Bonato.

HARRIET (D'après)

64 — *Le Thé parisien.*

>   Gravure rehaussée, par Godefroy, de la série du
> « *Suprême bon ton* ».

HUBERT (D'après A.)

65 — *Les Petits lapins. — Les Petits oiseaux.*

>   Deux lithographies en couleurs se faisant pendants.

HUET (D'après)

66 — *Le Déjeuner. — Le Diner.*

>   Deux belles gravures en couleurs se faisant pendants.

HUET (D'après)

67 — *La Chèvre bien aimée. — Le Drapeau national.*

>   Deux petites gravures en couleurs, par Bonnet.

JAZET

68 — *Le Départ pour le marché. — Le Marché conclu.*

>   Deux gravures en couleurs se faisant pendants.

JANINET

69 — *Ninon de Lenclos.*

>   Gravure en couleurs, d'après Mignard.

KŒNICK

70 — *Hébé.*

>   Gravure en couleurs.

LALAUZE

71 — *Le Derby d'Epsom.*

Eau-forte, d'après GREENE.

LAURIE

72 — *The full of the Honey Moon.*

Gravure en noir.

LAWREINCE (D'après)

73 - *L'Assemblée au salon.*

Gravure en noir, par DEQUEVAUVILLER, dans un cadre
Louis XVI en bois sculpté à perles.

LAWREINCE (D'après)

74 — *Les Nymphes scrupuleuses. — La Balançoire
mystérieuse.*

Deux gravures en noir se faisant pendants, par VIDAL.

LAWREINCE (D'après)

75 — *Qu'en dit l'abbé?*

Gravure en noir, par DELAUNAY; armoriée et d'un
très bel état; toutes marges avec légères rognures aux
angles supérieurs; le titre en lettres grises.

LEGOUT-GÉRARD (D'après)

76 — *Barques de pêche.*

Estampe en couleurs.

LE GRAND

77 — *Le Ruisseau.*

Gravure en noir.

LE ROY (D'après)

78 — *Que j'aime ce fruit! — Je t'en ferai goûter.*

Deux gravures en noir se faisant pendants, par DIEN.

LORRAIN (R.)

79 — *Le Pont de la Tournelle.*

Estampe en couleur.

MALET (D'après)

80 — *La Nouvelle intéressante.*

Gravure en couleurs, par MIXELLE.

MARIN-BONNET

81 — *The milk woman.*
— *Woman taking coffee.*
— *Provoking fidelity.*
— *The pleasure of education.*

Quatre belles gravures en couleurs.

MERYON

82 — *Entrée du faubourg Saint-Marceau.*

Eau-forte.

NATTIER (D'après)

83 — *Figure de princesse costumée en Flore.*

Gravure en noir.

NORTHCOTE (D'après)

84 .— *Diligence et dissipation.*

Gravure en noir par GAUGAIN et HELLYER.

POINTEAU (D'après)

85 — *Portrait de La Fontaine.*

Gravure en couleur, par COQUERET, d'après le tableau de RIGAUD.

REGNAULT

86 — *Soir.*

Gravure en noir. Cadre en bois sculpté Louis XVI, noir et or.

REYNOLDS (D'après)

87 — *Portrait de lady Charlotte Fitz-William.*

Gravure à la manière noire, par ARDELL.

REYNOLDS (D'après)

88 — *La Femme au manchon.*

Gravure à la manière noire, par ARDELL.

ROUSSEAU (D'après)

89 — *Le Petit ruisseau. — Le Premier chagrin de
l'enfance.*

> Deux gravures en noir se faisant pendants, par
> LEGRAND.

SCHALL

90 — *Paul et Virginie.*

> Gravure en noir, par DESCOURTIS.

SCHALL (D'après)

91 — *L'Élysée.*

> Gravure rehaussée.

THAULOW (FRITZ)

92 — *Paysage d'hiver.*

> Estampe en couleurs.

WATSON

93 — *The dutch cook-maid. — The deshabille.*

> Deux gravures à la manière noire, d'après METZU.

WILKIE (D'après)

94 — *Indécision.*

> Gravure en noir, par MAILE.

ÉCOLE ANGLAISE

95 — *Enfants.*

> Gravure à la manière noire.

ÉCOLE FLAMANDE

96 — *Vue des environs de Dantzig.*

Gravure en couleurs, dans un cadre en bois sculpté.

ÉCOLE FRANÇAISE

97 — *Portrait de Necker.*

Gravure en couleurs.

ÉCOLE FRANÇAISE DE L'EMPIRE

98 — *Culs-de-lampe.*

Huit épreuves en couleurs, dans un cadre.

ÉCOLE FRANÇAISE DU DIRECTOIRE

99 — *Le Marchand de marrons.*

Gravure en noir.

ÉCOLE FRANÇAISE
(Commencement du XIXe siècle)

100 — *Le Midi. — Le Bonjour.*

Deux lithographies en couleurs.

ÉCOLE DE 1830

101 — *Sujets divers.*

Quatorze petites épreuves en noir, dans un cadre.

ÉCOLE DE 1830

102 — *Cortéges et grotesques.*

Six lithographies en couleurs, dans un cadre.

ÉCOLE DE 1830

103 — *Jeune Fille à la rose.*
Gravure en noir.

ÉCOLE DE 1830

104 — *Voilà le plaisir des dames!*
Lithographie en couleurs.

ÉCOLE ANGLAISE

105 — *The Handsome cook-maid.*
Petite gravure en couleurs.

PORCELAINES ET FAIENCES

106 — Petite théière, tasse et soucoupe, en porcelaine de Paris, à décor capucin doré. Époque
Empire.

107 — Petit tête-à-tête en porcelaine de Paris, comprenant : plateau, sucrier, théière, pot à lait,
deux tasses et deux soucoupes.

108 — Service en porcelaine blanche de Paris à
dorures, comprenant : deux théières, un sucrier,
un pot à lait, un bol, huit tasses et huit soucoupes.

109 — Paire de vases en porcelaine de Paris, à
sujets galants et paysages sur fond doré. Fin de
l'époque Empire.

110 — Coupe oblongue en porcelaine genre Sèvres,
présentant au fond un sujet : la Bataille de Fon-
tenoy. Monture en bronze.

111 — Petite assiette en faïence de Rudelle, à bord
gaufré et présentant des figures au fond.

112 — Vase-balustre en porcelaine de Chine, à
fleurs et insectes.

113 — Paire de vases en porcelaine de Canton, à
personnages.

114 — Sucrier en ancienne porcelaine du Japon, à fleurs.

115 — Groupe de personnages en céramique de Satsuma.

116 — Figurine de personnage mandchou en porcelaine décorée.

117 — Petit plat mouvementé en ancienne faïence de Moustiers, à décors bleus, d'après Bérain.

118 — Deux assiettes à bords mouvementés, à fleurs, en ancienne faïence de Sinceny.

119 — Deux petites soupières en ancienne faïence des Islettes, à fleurs.

120 — Plat rond en ancienne faïence polychrome de Delft, à fleurs et feuillage.

121 — Plat creux en faïence hispano-mauresque, à reflets métalliques.

122 — Paire de vases de pharmacie en ancienne faïence italienne, à décors bleus.

SCULPTURES

OBJETS DE VITRINE, OBJETS VARIÉS

123 — Vase en verre décoré; monture en bronze.

124 — Miniature ovale : Portrait de Femme en toilette blanche décolletée.

125 — Trois petites miniatures ovales : Portraits.

126 — Figure de grotesque en terre cuite peinte.

127 — Deux poupées en bois décoré, revêtues d'étoffe. Travail italien.

128 — Statuette de divinité chinoise en bois sculpté et doré.

129 — Trois cadres variés.

BRONZE ET MÉTAL
BAHUT RENAISSANCE

130 — Pendule en bronze ciselé et doré, présentant un cadran-borne, flanqué d'un vase et d'un Amour. Époque Empire.

131 — Paire de flambeaux Louis XVI en bronze ciselé et doré.

132 — Bas-relief en bronze patiné : Faunes et nymphe, d'après CLODION.

133 — Petite statuette de Napoléon en bronze patiné, formant cachet.

134 — Statuette en bronze patiné : Femme ailée à genoux.

135 — Petite statuette de Flore en bronze patiné.

136 — Statuette de musicien; bronze à cire perdue.

137 — Buste d'éphèbe en bronze à patine verte, sur piédouche en marbre jaune. Travail italien.

138 — Statuette de divinité chinoise en bronze patiné.

139 — Deux statuettes de personnages chinois en bronze, avec traces de dorure.

140 — Figure de divinité siamoise en bronze patiné.

141 — Figure de lion en bronze patiné. Signée : *Barye*.

142 — Deux brûle-parfums en cuivre gravé et ajouré. Travail arabe.

143 — Vase à deux anses en bronze patiné de la Chine.

144 — Vase en émail cloisonné, à décor de fleurs sur fond rouge.

145 — Plumier en bronze gravé. Travail arabe.

146 — Petit sucrier à anses en argent ciselé, présentant sur les deux faces des bustes de la République.

147 — Bahut, à quatre portes et deux tiroirs, en chêne sculpté, à feuillage et fleurs, garni d'entrées de serrures et de poignées en cuivre ; fronton débordant à moulures. En partie d'époque Renaissance.

148 — Objets omis.

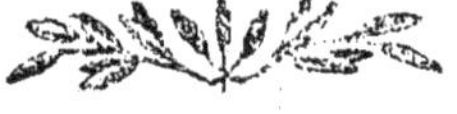

9 782329 516806